© 2017 Verlag Katholisches Bibelwerk GmbH, Stuttgart
Alle Rechte vorbehalten

Umschlaggestaltung und Satz: Finken & Bumiller, Stuttgart
Druck und Bindung: Druckerei C. H. Beck, Nördlingen

www.bibelwerk.de

ISBN 978-3-460-24236-4

Erich Jooß · Maren Briswalter

Drei Könige

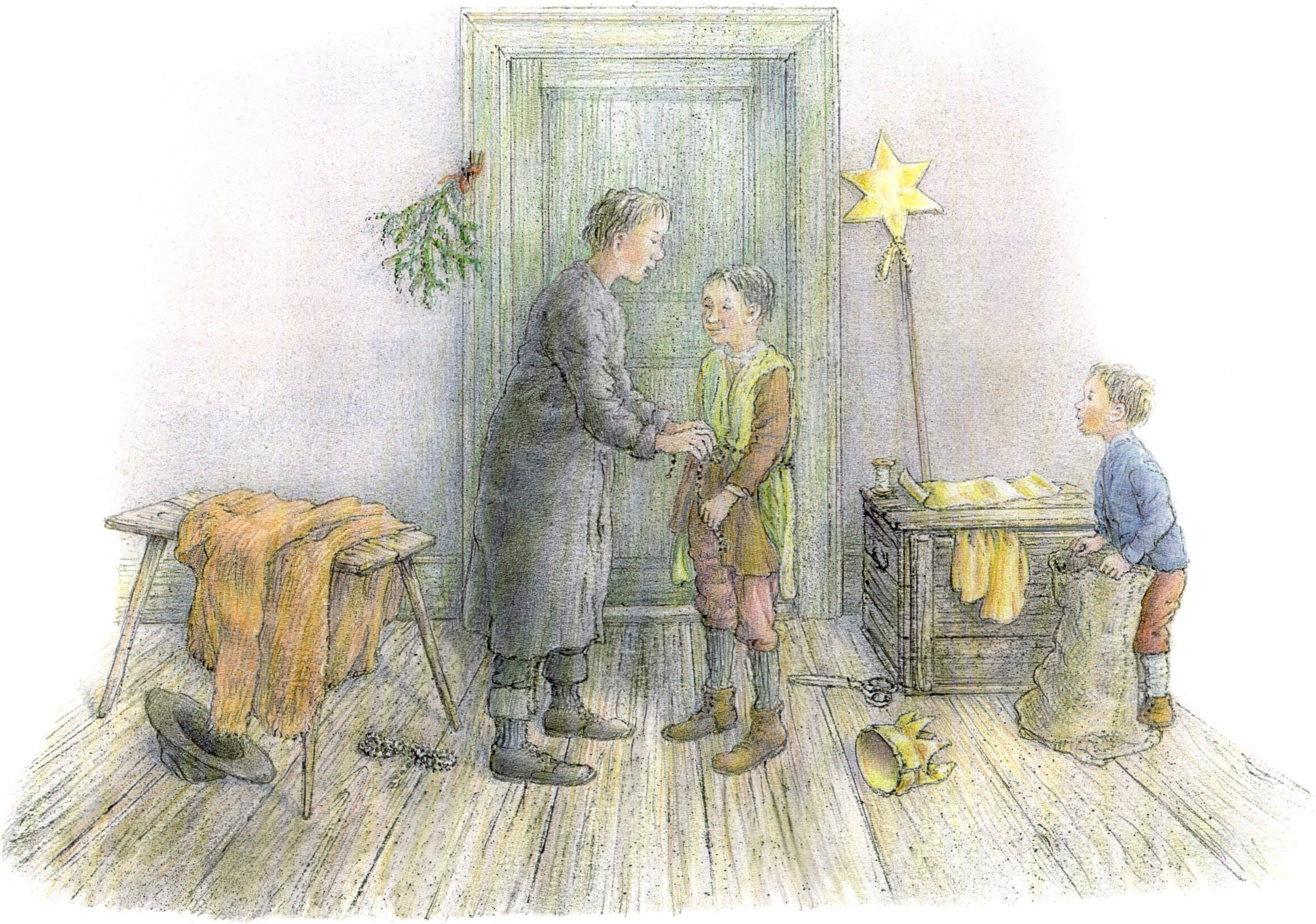

Das hatte sich der kleine König ganz anders vorgestellt.
Es regnete und schneite durcheinander
und die Krone hockte wie ein zerfleddertes Nest
auf seinem Kopf.
Außerdem lief ihm das Schneewasser
in die löchrigen Schuhe.
Kaum war der Winter gekommen,
da taute es schon wieder!

Der kleine König folgte seinen Brüdern.
Er hatte Mühe, mit ihnen Schritt zu halten.
Der große Bruder trug einen goldenen Stern
und der mittlere einen Sack, der noch leer war.

Der kleine König fasste sich an die Krone.
Allmählich weichte sie auf.
Außerdem fror er in seinem dünnen Umhang.
Manchmal bellte ein Hund,
wenn sie an eine Haustür klopften.

„Wir sind gar keine Heiligen", dachte der kleine König.
„Wir sind bloß Bettler mit schiefen Kronen
und einem Sack, durch den der Wind bläst."

Kein Wunder, dass die Hunde bellten
und alle Türen verschlossen blieben!

Es dauerte lange, bis sich doch noch eine Tür öffnete.
Ein alter Mann, der dauernd den Kopf schüttelte,
stand im Licht. „Heutzutage gibt es so viele Bettler.

Ich kann euch nicht helfen", murmelte er.
Was sollten sie darauf antworten?
Der große König überlegte.
„Wir wollen nichts für uns, nur für das neugeborene
Kind", sagte er schließlich. „Es ist noch ärmer als wir.
Irgendwo dort draußen friert es und braucht deine Hilfe."

Der alte Mann ruckte immer noch wie ein Vogel
mit dem Kopf. Seine Hände zitterten.
Stumm ließ er die Könige in sein Haus.
Dort war es warm! Das Feuer im Ofen knackte.
Als der alte Mann die fragenden Blicke der Könige sah,
füllte er den Sack des mittleren Bruders mit Brennholz.
Er tat es sorgfältig, legte ein Scheit auf das andere.
Danach begleitete er die Kinder hinaus.

Der Sack war so schwer, dass ihn der große König
tragen musste. Immer wieder setzte er seine Last ab.
Den goldenen Stern überließ er dem jüngeren Bruder.
Der Jüngste stapfte hinter ihnen her.
Fast hätten sie ihn vergessen.

Das letzte Haus in der Straße hatte ein schiefes Dach
und einen Stall.
Aus dem Schornstein rauchte es.

Als die Könige klopften, öffnete ihnen eine dicke Frau.
Sie rieb die Hände an der Schürze trocken. Ihr Gesicht
war hell und freundlich. „Was wollt ihr von mir?",
fragte sie die Könige.

„Wir bitten für das neugeborene Kind",
antwortete der große König.
„Irgendwo dort draußen weint es und hat Hunger.
Auch seine Eltern hungern. Hilf ihnen, wenn du kannst."
Da holte die Frau einen Brotlaib und eine Kanne
mit Milch. Die Könige hörten die Ziegen im Stall.
Sie meckerten leise. Oder träumten sie?

Jetzt hatten die Könige einen Sack mit Holz,
einen Brotlaib, der verführerisch duftete,
und eine Kanne mit Milch.

Die Nacht, die auf den Tag folgte, war dunkel
und geheimnisvoll. Der Weg wurde immer länger.
Als die beiden größeren Könige umkehren wollten,
weigerte sich der kleine König.
Er ging einfach weiter. Murrend folgten sie ihm.
Schließlich hatten sie dem kleinen König den Stern
überlassen, weil sie die Gaben des alten Mannes
und der Frau tragen mussten.

Der Stern – er führte sie.

Die Stille machte dem kleinen König Angst.
Deshalb sang er wie ein verschreckter Vogel.
Darüber mussten die großen Könige lachen.
Trotzdem sangen sie mit ihm.

Am Ende des Weges, fast schon im Wald,
stand ein halb verfallenes Haus.

Als sie klopften, öffnete ein Mann. Die Könige redeten mit ihm, aber er verstand kein Wort von dem, was sie sagten.

Hilfesuchend zeigte der Fremde zu seiner Frau hinüber.
Sie saß auf dem Boden in der Ecke des leeren Zimmers
und hielt ein Kind im Arm.

Überall im Land gab es Flüchtlinge, auch hier.
Sie kamen von weit her und waren die Ärmsten der Armen.
Deshalb fragten die Könige nicht lange.

Der große König schichtete das Holz aus dem Sack
in den kalten Ofen. Zusammen mit dem Fremden
entfachte er ein Feuer. Es dauerte eine Weile,
dann schlugen die Flammen hoch. Da begann der Ofen
zu knistern und zu brummen.

Währenddessen hatte der mittlere König die Kanne
mit Milch auf die Ofenplatte gestellt. Den Brotlaib,
der so verführerisch duftete, legte er vor der Frau nieder.

Nur der kleine König wusste nicht, was er der Familie
schenken sollte. Das Kind sah ihn mit dunklen Augen an
und er wusste es immer noch nicht. Als sie sich
verabschiedeten, ließ er den goldenen Stern zurück.
Sie brauchten ihn nicht länger.
Vielleicht würde dieser Stern dem Kind
und seinen Eltern den Weg weisen ...

Schweigend tappten die Könige durch die Dunkelheit.
Es gab nichts mehr zu tun für sie.

Nur die Kronen auf ihren Köpfen erinnerten daran,
dass sie an einem kalten, regnerischen Schneetag,
kurz nach Weihnachten, aufgebrochen waren,
um das neugeborene Kind zu suchen.